HAPPY BIRTHDAY,
BABY SHARK!

In the depths of the ocean,
As a new day begins
Baby Shark was waking
To Everyone's grins.

All sharks were excited,
Cause today is the day
We wish Baby shark
Happy Birthday!

Wake up early, doo doo doo doo doo doo.
WAKE UP EARLY!

Invite your friends, doo doo doo doo doo doo.
Invite your friends, doo doo doo doo doo doo.

BIRTHDAY PARTY

Invite your friends, doo doo doo doo doo doo.
INVITE YOUR FRIENDS!

Have a party, doo doo doo doo doo doo.
Have a party, doo doo doo doo doo doo.

Have a party, doo doo doo doo doo doo.
HAVE A PARTY!

Play party games, doo doo doo doo doo doo
Play party games, doo doo doo doo doo doo.

Play party games, doo doo doo doo doo doo doo.
PLAY PARTY GAMES!

Open presents, doo doo doo doo doo doo.
Open presents, doo doo doo doo doo doo.

Open presents, doo doo doo doo doo doo.

OPEN PRESENTS!

Eat lots of food, doo doo doo doo doo doo.
Eat lots of food, doo doo doo doo doo doo.

Eat lots of food, doo doo doo doo doo doo.
EAT LOTS OF FOOD !

Time for cake, doo doo doo doo doo doo.
Time for cake, doo doo doo doo doo doo.

Time for cake, doo doo doo doo doo doo.

TIME FOR CAKE !

Blow out candles, doo doo doo doo doo doo.
Blow out candles, doo doo doo doo doo doo.

Blow out candles, doo doo doo doo doo doo doo.

BLOW OUT CANDLES!

Make a wish, doo doo doo doo doo doo.
Make a wish, doo doo doo doo doo doo.

Make a wish, doo doo doo doo doo doo.
MAKE A WISH!

Celebrate, doo doo doo doo doo doo.
Celebrate, doo doo doo doo doo doo.

Celebrate, doo doo doo doo doo doo.

CELEBRATE!

BABY SHARK BIRTHDAY DANCE!

WAKE UP EARLY

INVITE YOUR FRIENDS

HAVE A PARTY

PLAY PARTY GAMES

OPEN PRESENT

EAT LOTS OF FOOD

TIME FOR CAKE

BLOW OUT CANDLES

MAKE A WISH

CELEBRATE

Manufactured by Amazon.ca
Bolton, ON

20373664R00017